Mon aventure sous la terre

W0314949

Jean-Marie Defossez vit en région parisienne. Après sa démission d'un poste de chercheur en zoologie à l'université de Liège, il a exercé différents métiers (conférencier, producteur de légumes biologiques, apiculteur, plombier-chauffagiste…) avant de trouver sa véritable vocation : l'écriture de romans pour la jeunesse, publiés aux éditions Flammarion, Casterman, Rageot, Nathan… Chez Bayard Jeunesse, il est notamment l'auteur de *Envol pour le paradis*.

Du même auteur dans Bayard Poche :
La vengeance de Crabouille (J'aime lire)

Didier Balicevic est né en 1974. Après avoir fait ses études à Strasbourg et vécu en Grande-Bretagne, il s'est lancé dans l'aventure de l'illustration pour enfants. Il collabore régulièrement avec Bayard Jeunesse, et a notamment illustré *Le château fort* dans la collection Youpi.

Du même illustrateur dans Bayard Poche :
Gad et le génie (Mes premiers J'aime lire)
L'île des Géants (J'aime lire)

© 2009, Bayard Éditions
© 2006, magazine *J'aime lire*
Tous droits réservés. Reproduction, même partielle, interdite.
Dépôt légal : septembre 2009
ISBN : 978-2-7470-2780-9
Loi du 16 juillet 1949 sur les publications destinées à la jeunesse

Mon aventure sous la terre

Une histoire écrite par Jean-Marie Defossez
illustrée par Didier Balicevic

J'aime lire
bayard poche

1
Bêtise mammouth

Je m'appelle Lise. J'ai neuf ans dans une semaine et je crois que j'ai fait une bêtise énorme, une bêtise format mammouth.

Depuis toujours, mon père et mon oncle Charles pratiquent la spéléologie. Chaque fois, je les vois revenir tout sourire avec des lueurs au fond des yeux. Je me dis que ça doit être super d'aller sous la terre et je meurs d'envie de les accompagner. Mais ils n'ont jamais accepté. À chaque fois, j'ai dû rester avec ma mère.

Hier soir, pourtant, j'ai encore demandé avec ma voix de petite souris :

– Papa… Je voudrais venir avec vous sous la terre.

Durant un instant, mon père s'est gratté le menton. C'est bon signe lorsqu'il se gratte le menton. J'ai pensé que c'était gagné.

Il a jeté un regard vers mon oncle et il a répondu :

– Tu es encore un peu jeune, Lise. En plus, nous allons au gouffre du Géant. C'est une grotte assez profonde. Nous resterons plusieurs heures sous terre.

Mon père n'avait rien dit de méchant, mais je me suis sentie tellement déçue ! De la colère est montée en moi et j'ai crié :

– C'est pas juste ! Je ne peux jamais venir avec vous !

Mon père a ouvert de grands yeux.

– Lise, dans une grotte, il fait froid et humide. On y voit mal. Le sol est irrégulier et souvent glissant. Il faut faire attention à chaque pas pour ne pas tomber ou se cogner. Ça n'a rien d'amusant !

Ça ne tenait pas debout. J'ai répliqué :

– Pourquoi vous y allez, alors, si ça n'a rien d'amusant ?!

Papa n'a plus su quoi dire et Tonton Charles s'est mis à rire. Il rit souvent, mon tonton. Un rire chaud comme un soleil.

Il a posé une de ses larges mains sur mes cheveux et il a dit :

– Tu es vraiment une petite maligne ! Tu vois, les grottes, pour ceux qui aiment, c'est l'aventure. Ton père essaie juste de t'expliquer que c'est aussi un univers dangereux pour une fillette de ton âge.

Papa a enchaîné :

– Écoute ton oncle Charles, dis-nous au revoir et file te coucher. Nous devons encore charger notre matériel.

J'étais toujours déçue, mais Tonton m'a fait un clin d'œil. J'ai deviné qu'il allait négocier avec mon père. Je les ai embrassés l'un et l'autre et j'ai quitté la pièce. Depuis la salle de bains, tout en enfilant mon pyjama, je les ai espionnés.

– Nous pourrions peut-être emmener Lise avec nous, disait Tonton. Elle a l'air d'y tenir. Le gouffre du Géant n'est pas si terrible…

Mon cœur s'est mis à résonner dans mes oreilles. Qu'allait répondre mon père ?

– C'est vrai, a-t-il dit, mais je m'en voudrais s'il lui arrivait quelque chose. Et puis… je ne la sens pas prête.

– Ça, c'est autre chose, a conclu Charles.

Et ils sont partis dans le garage pour s'occuper du matériel.

C'était fichu. Une vague de chagrin glacé m'est tombée dessus. Triste des pieds à la tête, je suis allée me coucher avec l'envie de pleurer.

En pleine nuit, je me suis réveillée et j'ai repensé au refus de mon père. Ma colère était tapie dans l'ombre. Elle a bondi. Le rire de Tonton Charles n'était plus là pour la dissiper.

J'ai craqué :

– Marre qu'ils partent sans moi !

J'ai enfilé mes plus vieux habits et je me suis rendue au garage.

Cordes, combinaisons, baudriers*, casques et lampes, mon père et mon oncle avaient entassé leur matériel à l'arrière de la fourgonnette.

J'ai pris un équipement supplémentaire dans la réserve. Il manquait juste une combinaison à ma taille.

– Tant pis, me suis-je dit, mon pantalon et mon pull suffiront bien.

Ensuite, je me suis cachée à l'arrière de la fourgonnette et je me suis rendormie.

* Baudrier : sorte de ceinture passant autour de la taille et des cuisses et permettant de s'attacher à une corde.

J'ai agi sans réfléchir. À présent, je viens de me réveiller. La fourgonnette roule à toute allure et je suis morte de trouille. Que va-t-il se passer lorsque mon père s'apercevra de ma présence ?

Je pourrais me lever et leur dire que je suis là, mais je n'ose pas. Je n'ose pas ! Qu'est-ce qui m'a pris de faire une bêtise aussi mammouth ?

2
Ça chauffe !

La fourgonnette s'engage sur un chemin plein de creux et de bosses.

– Nous avons bien roulé, déclare mon père en coupant le moteur.

– On casse la graine et on y va, répond mon oncle en sortant de la voiture.

Je vois la porte arrière qui s'ouvre. C'est affreux. Je suis finie !

– Hum, hum ! fait Tonton. Nous avons un passager clandestin !

– Quoi ? rigole mon père. Nous avons emmené le chat jusqu'ici ?

– C'est plus gros qu'un chat ! Plus têtu aussi.

– Plus gros et plus têtu ?

Mon père accourt. Ses yeux manquent de lui sortir de la tête.

– Lise ? Mais qu'est-ce que tu fais là ?

Je bafouille :

– Je… je me suis levée pendant la nuit. J'avais tellement envie de…

– Mais enfin, tu ne te rends pas compte !

Je tourne la tête vers mon oncle, dans l'espoir d'un petit rayon de soleil. Mais lui aussi semble mécontent. Je ne voulais pas ça ! Ma vue se voile d'un seul coup. Dans une pluie de larmes, je crie :

– Je ne voulais fâcher personne. Je ne sais pas ce qui m'a pris. Je…

Je me tais, la voix coupée par les sanglots.

Tonton et Papa échangent un regard.

– Elle regrette, dit Tonton.

– Je vois, soupire Papa. Mais que faire d'elle ? Pas le temps de la ramener et de revenir… On ne va pas non plus la laisser toute seule dans la voiture.

– Qu'elle vienne avec nous, suggère Tonton. On fera attention.

– Avec quel matériel ? Impossible de descendre sans casque, sans lampe et sans baudrier !

Je bredouille, le nez humide :

– J'ai pris du matériel et… j'ai mis des vieux vêtements.

Cette fois, Tonton éclate de rire.

– Quel numéro ! C'est vrai qu'elle a grandi. Elle mérite peut-être bien de venir. Je vais téléphoner à Clara pour lui dire qu'elle est avec nous.

– Pour l'instant, rectifie Papa, Lise mériterait surtout d'être punie.

Mon père ajoute en agitant nerveusement l'index :

– Tu as voulu venir, eh bien soit ! Mais je te préviens : ne viens pas te plaindre ou dire que tu as peur dans le noir, sinon…

3

La Trompette de la mort

« Le gouffre du Géant » : avec un nom pareil, j'avais imaginé une entrée gigantesque. Mais Tonton me montre un simple trou entre deux rochers, un trou permettant juste à un seul homme de se glisser dedans.

– Voilà la bouche de la terre ! souffle-t-il en levant ses épais sourcils.

Papa s'y engage, pieds en avant. Son corps disparaît, puis sa tête. Ce n'est pas rassurant du tout. J'ai l'impression que le sol l'avale. Je le suis, la gorge nouée.

Au fond du trou, il fait tout noir.

– Allume ta lampe à carbure*, dit mon père.

De petites flammes jaunes qui sifflent et sentent l'ail apparaissent au-dessus de nos casques. Je regarde autour de moi. Nous sommes dans une sorte de tunnel en pierre étroit, irrégulier, de la couleur de l'argile. Quel lieu étrange… Héé ! Le plafond grouille de grosses araignées noires !

* Carbure : petits cailloux grisâtres qui se transforment en gaz. En brûlant, ce gaz permet aux spéléologues de s'éclairer.

Tonton nous rejoint. Nous avançons d'une trentaine de mètres. L'air devient plus frais. Le couloir se rétrécit et nous oblige à ramper par terre. Le sol est froid, humide et glaiseux*.

– On appelle ce passage « la Trompette de la mort », explique Tonton. Il débouche en haut de la grande salle, la salle du Géant.

– Ce sera la grande difficulté, ajoute Papa, un vide de 17 mètres.

* Glaise : sorte d'argile molle et très douce.

À la sortie de la Trompette de la mort, mon père attache une corde à une espèce d'anneau vissé dans la pierre.

– Regarde comment on passe la corde dans un mousqueton, chuchote mon oncle. Toujours comme ça… la corde qui descend, côté opposé à la roche, pour ne pas qu'elle s'abîme en frottant sur la paroi.

Mon père se laisse filer le long de la corde. Je ne vois bientôt plus que la lueur de son casque qui bouge dans l'obscurité quinze mètres plus bas. Cet immense trou noir est effrayant. Jamais je n'arriverai à faire pareil.

Mes jambes deviennent toutes molles.

– Allez, Lise ! C'est à toi. Courage !

Tonton a raison : j'ai voulu suivre les grands, à présent, il faut que j'assure. Je souffle un bon coup et je me lance.

– Parfait, ne t'occupe pas du vide, laisse filer doucement la corde.

Trois minutes plus tard, je suis en bas à côté de mon père. Jamais je n'ai eu aussi peur de ma vie.

– Félicitations ! souffle-t-il. À ton âge, je ne sais pas si j'aurais osé faire ça.

Pour la première fois de la journée, mon père esquisse un sourire. Toute la peur que j'ai ressentie se transforme en bonheur et en fierté. Ce serait tellement formidable si je n'avais pas désobéi !

Des mots bondissent de ma bouche :

– Je te demande pardon de m'être cachée.

– C'est bon, dit Papa. On oublie. Mais ne refais jamais un truc pareil.

– Est-ce que… vous m'emmènerez la prochaine fois ?

– Nous verrons, ma fille. Une chose à la fois.

4
Un monde inconnu

Tonton descend à son tour. Nous explorons la grotte. C'est extraordinaire. On se croirait sur une autre planète ou dans le corps d'un monstre. Aucun bruit. Nos voix sonnent assourdies, comme dans le brouillard. Aucune lumière, exceptée celles de nos lampes qui ne portent qu'à quelques mètres. Aucune couleur vive. Le noir semble être partout. Il n'y a plus d'horizon et je me sens un peu perdue. Où est la sortie et où sommes-nous ?

Tantôt nos bottes s'enfoncent dans un sol glaiseux, tantôt nous marchons entre des stalactites et stalagmites de toutes tailles plantées dans des salles hautes de plusieurs mètres. À certains endroits, des gouttes d'eau pendues au plafond nous observent en brillant comme des yeux de chat.

Il fait froid, neuf degrés d'après Tonton Charles, et humide. À chaque expiration, un souffle de buée sort de ma bouche. Je me sens pourtant heureuse et… fière aussi !

Au bout de trois heures et demie, il reste encore un réseau de salles à visiter. Mais Papa décide qu'il est temps de rentrer.

Nous revenons dans la grande salle. Tonton se hisse en premier vers la Trompette. Il est déjà haut lorsqu'il dérape. La corde se tend violemment et, au lieu de résister… se rompt.

Mon tonton atterrit lourdement et s'étale.

– Charles ! s'écrie mon père en se précipitant vers lui. Ça va ?

À la manière dont Tonton grimace de douleur, je comprends qu'il s'est fait mal.

– Ça… ça va aller, souffle-t-il.

– Bon sang ! s'exclame Papa en examinant la corde rompue. Tu aurais pu te tuer ! Regarde ! Elle avait un accroc. On n'a rien vu à cause de la glaise qui l'entourait.

Nous levons tous trois la tête vers la Trompette. Sans corde pour remonter, nous sommes pris au piège !

Papa annonce :

– Le temps que Clara s'inquiète et alerte spéléo-secours, nous en avons jusqu'à demain matin.

Tonton essaye de se relever, mais il blêmit de douleur.

Mon père l'arrête :

– Joue pas les braves. Tu as morflé. Plus tôt tu verras un médecin et mieux ça vaudra. Lise, je vais tenter de monter à main nue. Ne quitte pas ton oncle.

Pendant près d'une heure, mon père s'évertue à escalader la paroi.

– Impossible, finit-il par annoncer. La roche est trop lisse. Nous sommes piégés comme au fond d'une bouteille géante.

Tonton n'a franchement pas l'air d'aller bien. Il grelotte, adossé à la paroi.

– La Boîte aux lettres, murmure-t-il, le souffle court. Envoie Lise par la Boîte aux lettres…

Que veut-il dire ?

Papa me regarde étrangement.

– Lise, interroge mon père, tu te sens comment ?

– J'ai un peu froid, dis-je, mais ça va.

– Pour toi, il y a peut-être un moyen de sortir. Il n'y a que les spéléologues très minces qui parviennent à remonter par la Boîte aux lettres. Toi, ça devrait passer, mais c'est épuisant. Douze mètres de remontée dans une fissure verticale. Tu t'en sens capable ?

Mon cœur se met à battre très fort. Il n'est plus question de rigoler. On compte sur moi pour aller chercher des secours. J'ai peur. Évidemment que j'ai peur, mais je réponds :

– Oui.

5
La Boîte aux lettres

Papa me guide jusqu'à la fameuse fissure. Il me passe les clés de la camionnette autour du cou et plonge ses yeux dans les miens :

– Lise, je ne vais pas te mentir. Ce passage est vraiment très difficile. Si tu n'y arrives pas, tu redescends. On attendra sagement les secours et personne ne t'en voudra. D'accord ?

Je suis trop émue pour parler. Je fais oui de la tête.

– Allez, et fais attention !

Je m'engage dans la fissure. Cinq minutes plus tard, je suis déjà à bout de souffle. La sueur ruisselle de mon front et me coule dans les yeux. La Boîte aux lettres est si étroite que je dois garder la tête de côté. Par endroits, mon casque se coince entre les deux parois. Je peux à peine plier mes genoux. Je dois me tenir de profil comme un Égyptien et avancer centimètre par centimètre en tirant sur mes bras.

Mes pieds dérapent. Je n'en peux plus. Mon cœur résonne à toute allure dans ma tête. Je plaque un instant ma joue contre la roche glacée pour me rafraîchir.

« Allez, me dis-je, il faut que je continue. »

Je parviens à m'élever encore de plusieurs mètres, mais la fissure paraît sans fin. Mes jambes tremblotent de fatigue. Je repense à mon tonton blessé. Non, je ne veux pas abandonner. Ils m'ont emmenée avec eux. Je veux les aider. Courage ! Cette fissure doit bien finir un jour.

Je repars. Pendant vingt minutes, je m'agrippe, je pousse, je transpire. Moi et mon courage sommes à bout. Je vais flancher, lorsque mes doigts rencontrent enfin le rebord de la roche.

– La fin de la fissure !

Tonton est sauv… Hé !!!

Catastrophe ! Ma lampe vient de s'éteindre. J'actionne plusieurs fois l'allumeur de mon casque avec angoisse. Rien ne se passe. Je suis dans le noir, le noir complet. À tâtons, je m'extirpe hors de la fissure et je m'assieds par terre.

Ça va mal. Pas une lueur, pas un bruit… Comment trouver la sortie ? Elle ne doit plus être loin à présent, mais où ? Devant ? Derrière ? À gauche ? À droite ? Je ne peux pas risquer de tomber dans un trou.

Non… au lieu de paniquer, je dois plutôt essayer d'apercevoir quelque chose malgré l'obscurité. Il suffirait d'une minuscule lueur.

Je tourne lentement la tête à gauche, puis à droite, sans rien voir. Je me retourne carrément et je sens quelque chose de frais me caresser les joues.

De l'air ? L'air, ça vient de dehors ! Je me mets à quatre pattes et je lève le nez pour remonter à la source de ce vent sauveur.

Au bout de quelques minutes, j'entr'aperçois enfin une lueur. Cette fois, j'y suis ! Je me mets debout et me précipite jusqu'à la bouche de pierre. Ah, c'est bon de retrouver la lumière du jour !

Je reste plusieurs secondes, éblouie, étourdie, presque sonnée, par ce soleil qui brille, par cet air libre chargé d'odeurs et par les couleurs vives qui m'inondent à nouveau les yeux… le vert des feuilles, le bleu du ciel. J'ai l'impression étrange et décalée de revenir sur terre après un long sommeil.

Sans y croire, je regarde mes habits et mes mains tartinés de glaise. Non, je n'ai pas rêvé. Je reviens bien du fond de la Terre et Tonton a besoin d'aide. J'ôte mon casque, je passe ma main dans mes cheveux noyés de sueur et je cours à la voiture.

Mes mains tremblent. Je dois m'y reprendre à trois fois pour parvenir à ouvrir le coffre. Où mon père a-t-il caché son portable ? Dans son sac ? Dans la boîte à gants ? Non plus. C'est trop bête !

Ça y est ! Je me rappelle ! Le portable est dans une de ses chaussures. Beurk… je comprends que ce soit un bon antivol, ça empeste la vieille chaussette.

– Allô, Maman ? C'est Lise…

6
Une fière chandelle !

Une semaine s'est écoulée depuis la descente dans la grotte. J'ai eu neuf ans, ce matin. Tonton vient de sortir de l'hôpital. Je sais qu'il n'a pas eu le temps de m'acheter un cadeau. Cela ne fait rien. Je suis heureuse qu'il soit là, à manger sa part de mon gâteau d'anniversaire.

Après une première bouchée, il glisse un clin d'œil à Papa et me demande :

– Dis-moi, Lise, qu'est-ce qui te ferait plaisir ?

Je réponds sans hésiter :

– Retourner dans les grottes !

– Je m’en doutais, répond-il.

Il sort de sous la table un volumineux paquet cadeau.

– Pour une fille débrouillarde et courageuse à qui je dois une fière chandelle.

Impatiente, je déchire l’emballage et découvre… une combinaison spéléo flambant neuve !

– Pour notre prochaine sortie, fait Papa avec un sourire.

Mais alors, cela signifie que je repartirai bientôt à l'aventure ! C'est vraiment le plus beau cadeau d'anniversaire de ma vie.

Achevé d'imprimer en juillet 2009 par Pollina S.A.
85400 LUÇON - N° Impression : L50610B
Imprimé en France